QUINZE

© 2014, John Lorenc
Edition : BoD - Books on Demand
12/14 rond-point des Champs Elysées, 75008 Paris
Imprimé par Books on Demand GmbH, Norderstedt, Allemagne
ISBN : 9782322036196
Dépôt légal : Avril 2014

UN

Je regarde dehors pour me voir dedans
Je suis rarement d'accord et pourtant
Le temps m'habille trop court, trop serré, pas assez chaud
Je claque des dents mais je les serre aussi
Je sais qu'à tout instant je suis à sa merci
J'ai essayé de marcher doucement
De pleurer jusqu'aux rires
De m'acheminer au plus près de mes peurs
De toucher leurs humeurs
Nous nous serrons les coudes elles et moi
Taisons nos cris
À demi-mots nous écrivons des livres
Nous parlons jusqu'à être ivre
Je décroisse et m'amasse
Sur le tas des débris de mes insomnies
J'y pose ma tête
J'entends au loin les échos d'une fête
Paupières aux cils hirsutes
Comme une bonne pute
Je ferme les yeux et travaille
Histoire de faire un peu de maille
Avant que je m'en aille
Vous qui êtes debout
Venez vous asseoir à côté de leur désespoir
Il fait noir mais la proximité rassure
Vous ne serez plus en retard, dos au mur

DEUX

Des éclats de conscience
Me réaniment parfois quand je pense
Que j'ai tourné la mauvaise page
Au mauvais âge
Ces éclats me rappellent
Que j'ai foncé dans l'tas
Que mes yeux n'avaient pas froid
Qu'à l'intérieur de moi
Ma curiosité ne sonnait jamais le glas
Tant qu'elle n'avait pas vécu
Tout ce pourquoi elle s'était mise à nue
Des instants de fulgurance
Où t'emportes une putain de cadence
Jusqu'au seuil de tes espérances
Plus qu'à entrer
A oublier le goût amer
D'un fantasme à la tronche devenue patibulaire
Ce p'tit truc qui gigote
Au fond d'ta culotte
Te donnera des ailes
Puis t'enivreras de plus belle
Jusqu'à ce que tu sois complètement bourré
Défoncer nos hontes
Jusqu'à ce qu'elles ne puissent se relever
Faire ce qu'on veut
Quand on veut
Sentir notre lumière
Aveugler notre colère
De ne pas encore avoir essayé

Aller au bout
J' y crois plus que tout
Toutes ces émotions
Je les garde précieusement dans mon baluchon
Les ressors quand je touche le fond
Je sais maintenant que je n'aurais jamais dû
Me dire que je n'aurais pas dû

TROIS

Choisir le mauvais gars
Tu le veux, tu l'aimes, t'y crois
Pour sa belle bouche
Pour sa belle gueule
Parce qu'il te touche
Parce que t'es seul
Il n'entend pas, il ne sait pas
Amants dans l'amiante
La descente sera lente
Ils auraient dû tous les deux dire non
Depuis le départ, comme des crevards
Ils se sont voulus
Depuis le départ, qu'il ferait noir, ils l'ont su
On signe tout de suite
Mais le rouge détache vite
Nos névroses se sont tellement plus aimées
Que la prose que deux âmes tranquilles
Auraient pu inspirer
Aucun répit ni repos
Dans un monde où un cri est un mot
Approche tes lèvres
Les miennes ont deux trois trucs à te dire
Laisse bien tes fringues étalées par terre
Continue à ne pas renouveler l'air
T'as raison, l'odeur de la clope froide
M'aidera à claquer la porte
Tu m'dis que j'vais trop loin
Que je m'emporte
Regarde-toi bien, écoute-toi bien

Tu te blesses et frappes les autres
Dire que cet amour fut un jour le nôtre
Merci pour tes belles crasses
Dont il a hélas toujours fallu que je me défasse
Que je me débrouille
A cause de ton manque de couilles
Pardon monsieur
Je vous demande désormais
D'avoir l'obligeance de rester à votre place
Quant à la mienne
Le plus loin me semble parfait
Ressort ta bite et ton couteau
Tu es de nouveau seul, blaireau
Assassin assassiné
Dire que tu fus mon bien-aimé

QUATRE

Certains ont l'oreille hostile
Le déni dans le mille
Ils soignent leurs inepties en gobant du sophisme
Retiennent leurs lubies à coups de gargarismes
N'oublient que ce qui les arrange
Nous vendent des cerises pour des oranges
En fond sonore, un bruit constant
Provoqué par les fracas d'un accident intérieur
Dont ils ont encore peur
Résonnance
Défense
Pas envie de revoir, pas envie de savoir
Ricochets foireux
Petits cailloux tombés au fond de leurs yeux
Regarde-moi, dis-moi ton âge
Décorticage
Ma main je te tends
Je t'entends
Te comprends
Démantèle le bordel
Qui que quoi quel
Du tourment, du violent, du hard
Mais attention je te mets en garde
Si tu n'essaies même pas de faire ce pas
Sache qu'à ton arrogance, ta condescendance
Ton égoïsme et ta mauvaise foi
Je ferai un doigt

CINQ

À l'aurore
Alors que la veille je croyais que c'était mort
J'ai aperçu ce nouveau début
Après avoir cuvé ce que j'avais vu, lu et entendu
J'ai cru à ce qu'ils voyaient dans mes yeux
Ce bout de moi
Ce côté là
Un Hollywood tatoué autour du coude
Un machin qui brille
Mon barrage en vrille ne serait plus insolent
J'arracherais les aiguilles
De cette horloge qui bat le temps
Mon flippe n'aurait plus de place
Pour poser son cul
Parce que ce qu'il me montrerait
Je l'aurais déjà vu
Fait d'amour pour toujours
Il y a du blanc qui ne jaunit jamais
Des chemins sur lesquels je me plais
Des instants que je repasse en replay
Parce qu'ils me remplissent de paix
J'aime marcher tout au bord
Me faire croire que certains plastiques sont en or
Que les atypiques nous rendent plus forts
Que de pierre en pierre je ferai des bonds
Que je parviendrai
A taper dans ce putain d'ballon
Oui j'aimerais qu'encore ma vie me nourrisse
Que mes envies ne tarissent
Que mes ennemis s'affaiblissent

Allez quelques petits efforts
Tous dehors
Bouffées d'air
On le recolorera ce champ en vert, et contre tout

SIX

Une bonne fuite comme une bonne cuite
Pas de perte, que du gain
Pas d'alerte ni de fin
Le temps est à nous
Jusqu'à ce qu'on se torde le cou
Pas d'aujourd'hui ni de demain
Juste des rendez-vous, juste dans nos mains

SEPT

A bras l'corps
J'vais les choper tes chagrins
J'te dirai pas qu't'as tort
Je n'jouerai pas au diseur de destin
Je ne marcherai pas sur tes platebandes
Juste à côté de toi jusqu'à ce que tu rebandes
Tu décroches
Tu t'amoches
Tu m'fais croire qu'il n'y a rien qui cloche
Elle a bon dos ta frimousse
Mais en toi plus rien ne pousse
Je vois tes envies à terre
Le corps qui t'enveloppe a cramé son revers
Parfois un petit bruit suffit
Pour que nos oreilles entendent une symphonie
Pousse les fauteuils
Mets du son bien fort
Ecoute ce corps
Et ceux qui disent « jamais trop tard »
T'es pas perdu, t'en as juste marre

HUIT

Entendre derrière
Voir à travers
Ne rien laisser au hasard
A l'affût
Déjà là mais pas encore attendu
En orbite
Essayer tant bien que mal
Petit animal avec des mains
Qui un matin sait tout
Et le soir ne sait plus rien
Si peu pour tant
Tant pour si peu
Grande gueule, petite estime
De quelle vaillance devrons-nous armer
Pour ré-arrondir nos soleils
Ne plus avoir la même tronche que la veille
Décousons nos égos
Faisons valser nos libidos
Délectons-nous à contre-tempo

NEUF

C'est tellement plus simple de fermer les yeux
C'est tellement plus simple de ne rien dire
De ne pas réagir
De ne rien garder ni regarder
Continuer à mentir pour arranger
Faire semblant, prétendre, faire croire
Anticiper ce que l'autre pourrait penser
Pour lui dire ce qu'il voudrait entendre
Ne jamais décevoir
Apprendre à se soumettre
A se mettre de côté
A se planquer
Se taire et rester là
Pas de faux pas
Chaussons de verre
Garde moi muselé
Je te garderai tout-puissant
Pour mieux me perdre dans ton néant

DIX

Si uniques et pourtant si pareils
Trop occupés à faire, nous oublions d'être
Les jours passent, les mois passent
Les années passent
L'argent, toujours l'argent
Le rêve, toujours le rêve
S'accorder le droit
Ne plus rougir
Mais qu'en penseront les autres, je m'en branle
Défendre son bout d'gras
A poil en hiver comme en été
Penser, trop penser, boire, trop boire
Les idées de nos nuits voient rarement le jour
Les fantasmes de nos jours ne dorment jamais
Sortir dehors
Regarder encore
Ce qu'on a déjà vu
Qu'un matin on ne verra plus
Prendre le temps avant qu'il nous prenne
Réinventer son après
De plus près
Mais toujours ce putain de premier pas
Si mes ardeurs sont à l'heure
Je n'aurai pas plus tard à me demander pardon
Je serai un peu plus fier
Et un peu moins con
Tes mains
Aussi fortement qu'elles me tiennent
Ne retiendront pas ma vie d'aujourd'hui

Avec tout mon courage
Que je boufferai jusqu'à la dernière miette
Je ne laisserai personne me dire arrête
J'aurai des yeux derrière la tête
Je prendrai enfin le temps
De vivre comme je l'entends
A moi d'écouter attentivement mes maux
Pour tenter de les libérer de leurs échos

ONZE

A l'arrière d'une grosse caisse U.S
Je laisse ma tête et mes fesses
Se raconter des histoires de malade
J'évite les embuscades
J'arrive à mes fins
Besoin de rien
J'me fais monter
En apnée
Attends un peu tu vas voir
Comment on va s'blanchir notre noir
C'est bon quand le brouillard se lève
Quand t'as plu la crève
Que tu respires à pleins poumons
A l'heure de ta p'tite révolution
Tu les aperçois les monts et merveilles
T'as plus sommeil
T'es au cœur d'un truc qui bat
Tu ne dis plus « je ne sais pas »
Ne poussez pas
Y'en aura pour tout l'monde
Je sens que j'ai la niaque féconde
On s'accrochera des étoiles en plein jour
On ira droit au but, sans détours
On leur expliquera, si ils ne comprennent pas
Que pendant qu'ils marchent, nous on court

DOUZE

Le fil, les quelques fils qui te tiennent
Autant que je me souvienne
Bien que transparents
Noués comme ta gorge, fermement
Auraient pu supporter le poids de tous les accidents
Sans s'effilocher un seul instant
Tu files maintenant, tu t'faufiles tout le temps
Tu joues au petit qui ne veut pas devenir grand
Pété, cassé, niqué, pas encore
N'oublie pas, petits pas
Moins de peurs, moins de pleurs
Arrête avec le coup du « c'est pas d'ma faute »
Derrière lequel tu t'planques
Tu lui manques tu sais
Jusqu'aux crampes tu sais
Anémié mais intrépide, tu t'agites, tu speed
Logorrhée ferme ta gueule
Tu ne suffis plus, je suis seul
Rires incoercibles, entre les lignes de ta bible
Crucifie ta merde une bonne fois pour toute
Avance coûte que coûte
Tu as toujours privilégié la bienveillance
A la bien-pensance
Tu n'as cessé de nourrir tes sens
Ils sont obèses aujourd'hui
Tu les baises autant que tu les fuis
Face à face sans à-coups ni accrocs
Rameute tes chiens
Qu'ils tuent tes loups qui tuent tes brebis

Repisse au lit, tu changeras les draps demain
C'est cette nuit que tu es en vie
Compte à rebours
Coup d'bourre
Avale l'amour
Que tu devrais avoir pour toi-même
Plutôt que de le garder en bouche
Dis-toi au moins une fois que tu t'aimes
Tu as suffisamment enculé de mouches

TREIZE

Je mange des heures
Je me contiens
M'abstiens
Je fais en sorte que
Je te dis que je viendrai
Devant, ça s'étale à perte de vue
La ligne de fuite s'efface
Sale goût d'un dégoût flottant en surface
Je les verrai les cavaliers de la lune
Avec ou sans thunes
Au firmament
Certains s'acharnent, d'autres maudissent
Entre deux larmes, je pisse
Craindre le non, feindre le pardon
Oser pointer du doigt l'horizon
Vulgaire et vivant
Des couilles et du cran
Je te connaissais
Tu me connaîtras
Tondu à ras

QUATORZE

Halte au foutage de gueule
Je dégueule
Tu te mens
Tu me trahis
Tu te repens
Tu m'éblouis
Lumière trop forte
Ferme un peu la porte
Tu me vends des songes argentés
Qui au réveil ne sont que pétards mouillés
Dans tes mensonges imbibés d'alcool
Je trempe mon doigt puis l'essuie vite au sol
Silence trop cru
Mots trop beaux
Je ne te crois plus
Ni nu, ni vêtu
Tu ne m'emmènes plus là-haut
Tu m'brouilles la vue
Opiniâtre je fus
Ne me nourrissant que de tes vertus
Maintenant j'me caille dans ta grisaille
Plus de défaites que de victoires
Trop d'amphet dans notre histoire
Bombe le torse, marche vite si tu veux
Ca se corse, tu me rends malheureux
J'y ai bien cru à tes conneries
J'ai bien su dire oui
Je m'achemine non sans chagrin
Vers un lendemain qui n'sera plus le tien

Tu ris beaucoup, tu pleures souvent
Petit homme deviendra grand
Ne m'empêche pas de faire ce pas en avant

QUINZE

Bilan.

Nos différences, plus ou moins identifiables
et importantes, nous compartimentent, pouvant
entraîner des difficultés à trouver notre place.
Une fois cette place à peu près déterminée,
le besoin d'y définir notre rôle reste nécessaire.

Le déni, agissant comme protecteur, contre
l'injustice ou le manque par exemple, détruit
souvent plus qu'il ne protège.

Les multiples origines causales de nos
mécanismes comportementaux engendrent
des états de conséquence éminemment
complexes à déchiffrer et à modifier.
Les liens et corrélations que nous établissons
entre des évènements passés et
des positionnements actuels, légitiment nos
angoisses et nos insécurités, ils nous aident
à comprendre nos agissements et à évoluer.

La honte nous conditionne dans tous nos
rapports aux autres et avec nous-mêmes.

L'espace très vaste, accordé à notre monde
imaginaire fantasmé, nous rassure, nous permet
d'espérer, de nous projeter dans l'après, ainsi
que d'atténuer les effets déstabilisateurs des
contingences du présent.

Revers de sa médaille, il nous éloigne du
principe de réalité, pourtant essentiel
au processus d'acceptation.

En recherche d'équilibre, nous compensons,
plus fréquemment avec excès qu'avec raison.
Distanciation difficile, prédominance de l'état
de dépendance, réflexes de comblement.

Notre mode d'apprentissage par mimétisme,
s'effectue à hauteur équivalente dans le bien
comme dans le mal, pendant des phases
où nous possédons une très faible capacité
de discernement.
Cette contamination mimétique installe
des automatismes codés, ainsi qu'un référentiel
de comparatifs qui influencera nos jugements
tout au long de notre vie.

La peur de la mort, moteur d'une série de peurs
irrationnelles, nous responsabilise,
tout en développant des appréhensions
récurrentes.

Besoin affectif permanent, reconnaissance, égo,
séduction.

Nous sommes également régis par une
multitude de micros stress post-traumatiques
non-contrôlables, pouvant être liés
à une personne, un lieu, un objet ou une
situation, qui déclenchent des schémas
réactionnels,

ainsi qu'un positionnement involontaire, puisque dicté par des ressentiments passés, eux-mêmes devenus autonomes dans leur mécanique
de repli et de répétition, lorsqu'ils sont stimulés.

Relativiser nos problématiques.
Vivre avec et ne pas se battre contre.
Se regarder avec indulgence.
Comprendre que la confiance en soi s'accroît lorsque la culpabilité décroît.
Verbaliser pour évacuer.
Intégrer la notion de non-choix dans le choix.
Garder en mémoire que l'inconscient est roi.